# 3, 2, 1... VIAJE AL ESPACIO

ALBERTO JIMÉNEZ GARCÍA

UA
LIBSA

© 2025, Editorial LIBSA
C/ Puerto de Navacerrada, 88
28935 Móstoles. Madrid
Tel. (34) 91 657 25 80
e-mail: libsa@libsa.es
www.libsa.es

ISBN: 978-84-662-4344-5

Ilustración: Shutterstock, Gettyimages y
Archivo Libsa
Textos: Alberto Jiménez García
Edición: equipo editorial LIBSA
Maquetación: Alberto Jiménez García
Diseño de cubierta: equipo de diseño
LIBSA

DL: M-13901-2024

# Contenido

INTRODUCCIÓN ........................................ 4

El espacio, conceptos básicos ................. 6
El universo desconocido.......................... 8
La Vía Láctea......................................10
Agujeros negros ...................................12
Asteroides y meteoritos ........................14
Nuestro Sistema Solar ..........................16
Distancias espaciales.............................18
El Sol abrasa ........................................ 20
La Tierra, un planeta para quererlo ..... 22
La Luna es... atractiva ......................... 24
Fascinantes eclipses ............................. 26
Montar, dormir... y viajar.......................28
El traje espacial .....................................30
3, 2, 1... ¡Despegue! ............................. 32
El humano en la Luna............................34
Astronautas inolvidables........................36
Animales en el espacio...........................38
La Estación Espacial Internacional........40
Viviendo en el espacio............................42
¡Amartizaje!.........................................44
Ojo: ¡basura espacial!...........................46
¿Hay vida allí afuera? ...........................48
¡Hola! Somos los terrícolas....................50
Memorias espaciales............................. 52

SOLUCIONES.........................................56

# Introducción

No hace falta ser adivino: lector, te gusta el espacio... ¡y te gusta la aventura! Tiene que ser así, porque una cosa va unida a la otra. No hay nada más intrigante que **el espacio infinito**, un campo abierto a las hazañas de los más intrépidos... ¡y de los mejor preparados!

Antes, en la Prehistoria, el cielo no era más que una pantalla infinita en la que se pretendía encontrar mensajes, un sentido a la vida. Pero, según los científicos fueron realizando sus descubrimientos, el espacio ganó detalle y complejidad. ¡Ni la **Tierra** ni el **Sol** eran el centro del **universo**! Poco a poco, nos fuimos enterando de que vivíamos en un humilde **Sistema Solar**, en un lugar cualquiera de una gigantesca **galaxia** cualquiera, dentro de un universo infinito.

Así que el cosmos –también lo llamamos así– es inabarcable y no podemos pretender explicarlo todo en un libro. Los grandes científicos solo dan por segura una cosa: ¡cuanto más saben, más preguntas se les plantean! Y eso está bien: solo cuando reconocemos nuestra ignorancia somos capaces de avanzar. ¡Quien se cree muy listo es que no sabe nada!

En este libro, al menos, conocerás los aspectos más básicos del universo: cómo se creó a partir de un punto muy

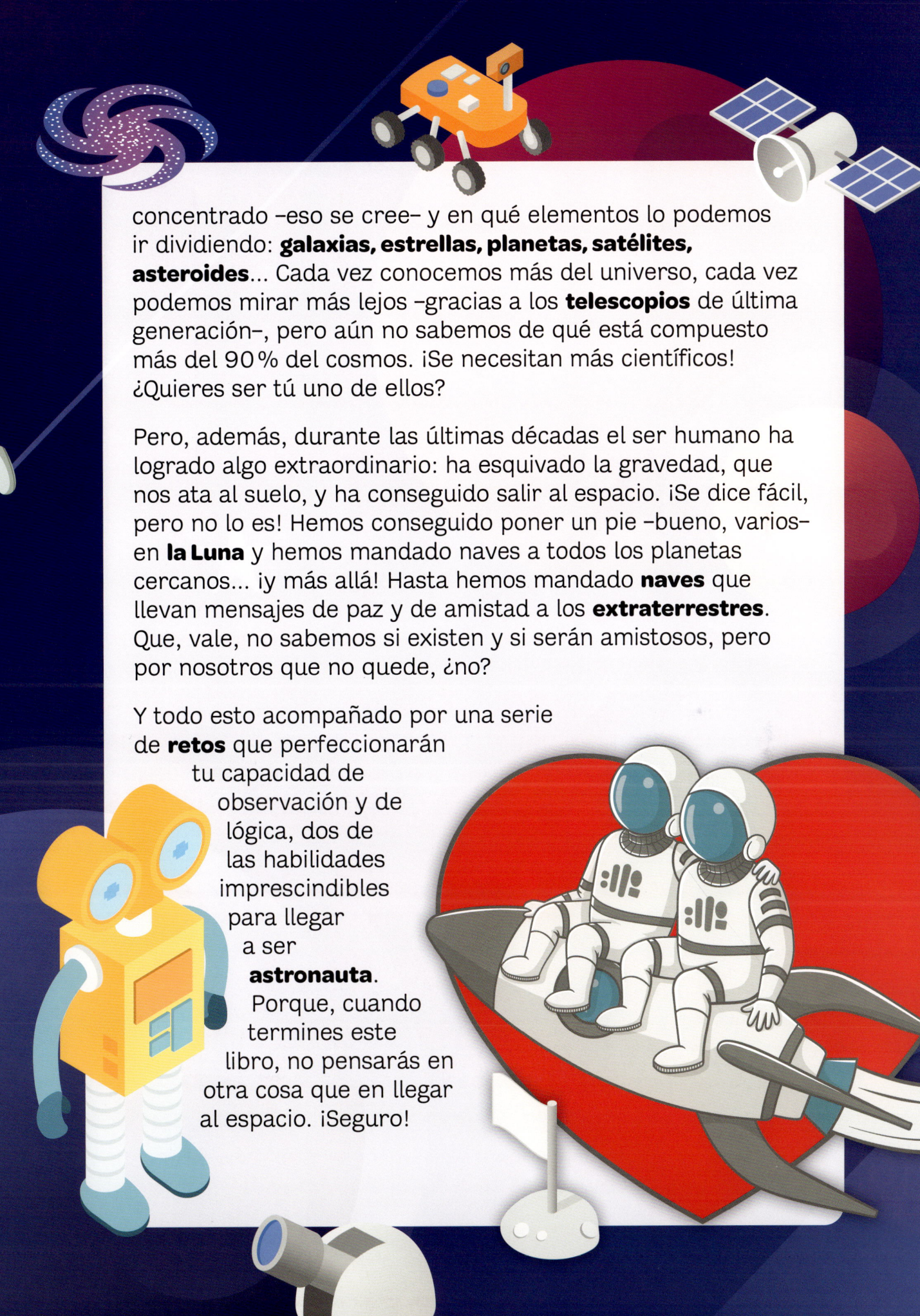

concentrado –eso se cree– y en qué elementos lo podemos ir dividiendo: **galaxias, estrellas, planetas, satélites, asteroides**... Cada vez conocemos más del universo, cada vez podemos mirar más lejos –gracias a los **telescopios** de última generación–, pero aún no sabemos de qué está compuesto más del 90 % del cosmos. ¡Se necesitan más científicos! ¿Quieres ser tú uno de ellos?

Pero, además, durante las últimas décadas el ser humano ha logrado algo extraordinario: ha esquivado la gravedad, que nos ata al suelo, y ha conseguido salir al espacio. ¡Se dice fácil, pero no lo es! Hemos conseguido poner un pie –bueno, varios– en **la Luna** y hemos mandado naves a todos los planetas cercanos... ¡y más allá! Hasta hemos mandado **naves** que llevan mensajes de paz y de amistad a los **extraterrestres**. Que, vale, no sabemos si existen y si serán amistosos, pero por nosotros que no quede, ¿no?

Y todo esto acompañado por una serie de **retos** que perfeccionarán tu capacidad de observación y de lógica, dos de las habilidades imprescindibles para llegar a ser **astronauta**. Porque, cuando termines este libro, no pensarás en otra cosa que en llegar al espacio. ¡Seguro!

# El espacio, conceptos básicos

Para volar sobre estas páginas conviene que tengas al menos unas pocas, pero imprescindibles, ideas claras. Antes de salir al espacio, es necesario estudiar bastante. ¡El saber salva vidas!

## 365 + 0,24...

La Tierra gira alrededor del Sol. Tarda casi 365 días y seis horas. Es el **periodo de traslación**. Como cada cuatro años se «pierde» un día, se añade un día más en el calendario: ese es el origen del **año bisiesto**. El camino de la Tierra alrededor del Sol se llama **órbita** y, si lo miramos desde el polo norte, va en dirección contraria a las manecillas del reloj.

## TRASLACIÓN

## ROTACIÓN

La Tierra también rota sobre sí misma. Es el **periodo de rotación**. ¿Cuánto tiempo tarda en dar una vuelta? ¡Qué casualidad!: justo, justo, **un día**. En realidad no es una casualidad, sino que precisamente llamamos día a ese periodo. Si la Tierra tardase 26 horas y media en rotar sobre sí misma, esa sería la duración de un día (en la Tierra). La Luna también gira alrededor de la Tierra y sobre sí misma.

24

## ESTACIONES

Verano en el hemisferio norte

Verano en el hemisferio sur

6

# EL RETO

Estos planetas crecen y decrecen por una razón matemática. La podemos deducir por sus tamaños y por los números que hay sobre ellos. Así que cuando aparezcan los interrogantes... ¡solo tienes que echar mano de tu lógica para sustuirlos por el número adecuado!

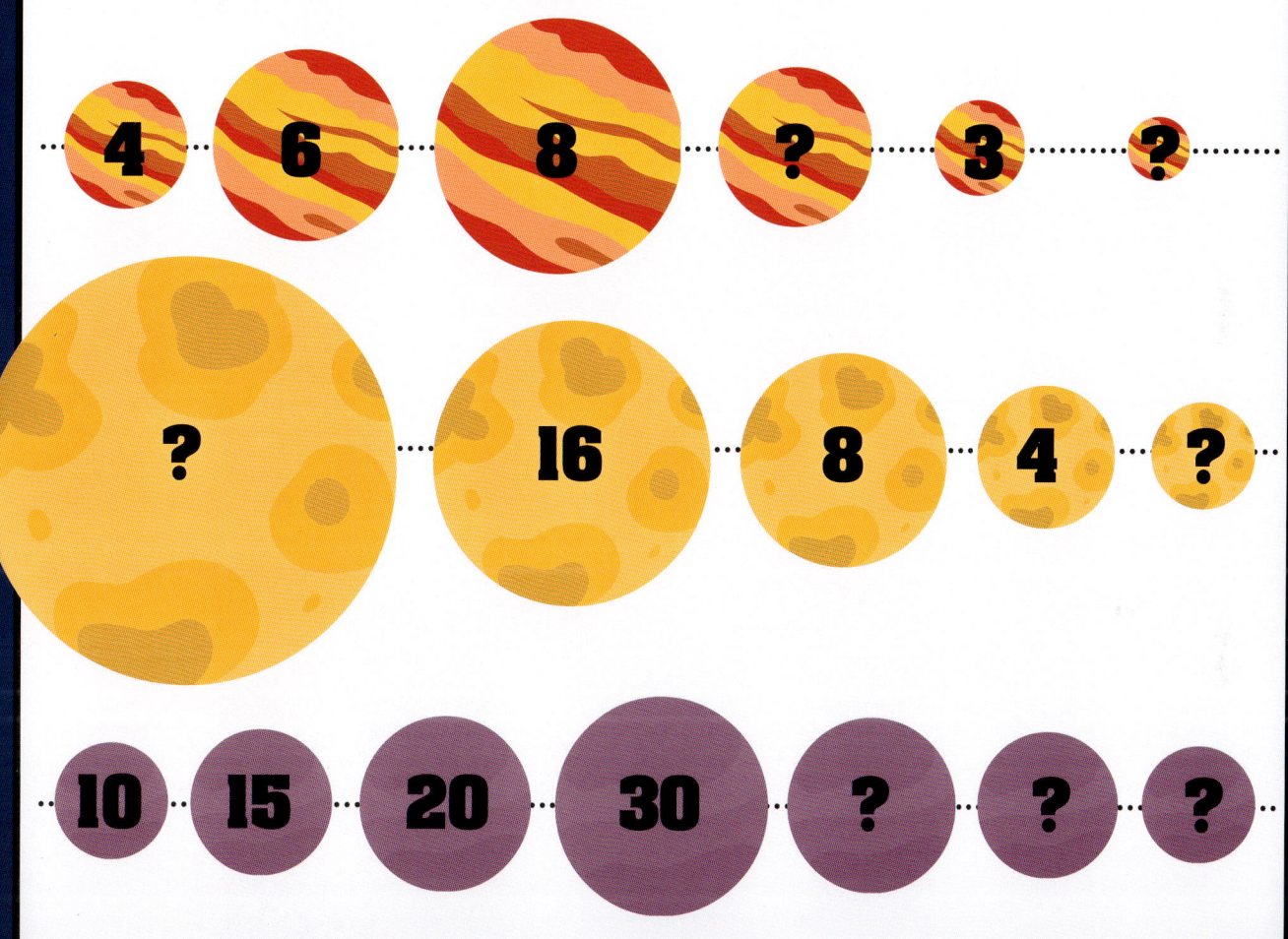

¿Sabes qué tienen que ver las ESTACIONES con el espacio? Pues mucho: es la combinación de los efectos de la rotación y de la traslación. El eje de rotación de la Tierra está girado 23,5 grados con respecto al trayecto del planeta alrededor del Sol, y durante una época del año sus rayos impactan con más fuerza sobre un HEMISFERIO que sobre el otro. Y es eso (lo recto que caigan los rayos sobre la superficie terrestre) lo que hace que haga más o menos calor. ¡Nada que ver con que la Tierra esté más o menos lejos del Sol durante su órbita!

# El universo desconocido

Explora la Vía Láctea, continúa con nuestro Sistema Solar y otros 200 000 millones de galaxias. No conocemos (y de lejos) más que una pequeña porción del universo. Por eso nos fascina tanto.

Al parecer, el universo sigue haciéndose más y más grande. Vamos, que si no conocemos el final ahora, ni te cuento para cuando seas mayor. Algunas teorías dicen que volverá a comprimirse en un solo punto (la **Gran Implosión**). Otras, que no dejará de crecer (el **Gran Desgarro**). ¿Tú de cuál eres?

**Cerebro intentando elegir entre Gran Desgarro y Gran Implosión.**

Lo que conocemos del universo es mucho, mucho menos que lo que desconocemos. Aunque (¡ay, qué lío!) sabemos algo sobre lo que desconocemos. ¿De qué está hecho el universo? Pues sabemos que un 5 % es de la materia «normal»: átomos, que forman moléculas y que se unen para crear cosas. Pero el 68 % es materia oscura y el 27 %, energía oscura. ¿Qué son cada una de ellas? Pues no se sabe muy bien, la verdad.

Ahora sí que vas a alucinar (más). En 2002, unos científicos determinaron que el color del universo no es negro, como todos creíamos. En realidad, tiene un tono intermedio entre el color crema y el blanco. Y decidieron darle un nombre: **café con leche cósmico**. ¡Pues nada, a su salud!

**Cerebro intentando comprender la materia y la energía oscuras.**

**Cerebro intentando comprender el multiverso.**

En la actualidad, se habla mucho del **multiverso** y de los **universos paralelos**. En realidad, el término multiverso lo inventaron ya en 1895. Pero ahora, con tantas series y tantas películas, es una palabra de moda. En realidad, ambos se refieren a la posibilidad de que no solo exista este universo (que comparte unas mismas leyes físicas) sino que también haya otros en los que puedan pasar cosas… ¡que ni nos podemos imaginar! ¡Todo vale allí!

# EL RETO

Estos astronautas salieron en una misión para explorar el espacio, se metieron en un agujero negro y acabaron en dos universos distintos. En fin, no parecen muy preocupados por ello, pero por si acaso, te pedimos que intentes enseñarles un camino que los una.

# La Vía Láctea

Nos ha tocado vivir en una galaxia de lo más hermosa. La Vía Láctea tiene un nombre curioso, una forma fascinante y unas vistas que quitan el hipo. La Tierra es como un minúsculo grano de arena en una playa infinita.

**Agujero negro central**

Te vas a volver loco: el Sol es una de las 200 000 millones de estrellas (o quizá 400 000, no se sabe bien) que hay en la **Vía Láctea**. La galaxia mide unos 100 000 años luz de punta a punta. Y tiene una forma de espiral muy característica, con «brazos» que forman unos molinillos. Nosotros estamos en el **brazo de Orión.**

La Vía Láctea tiene unos 10 000 millones de años de vida. Dentro de ella, el Sol es una estrella relativamente joven, de unos **5 000 millones** de años. Además de estrellas y planetas, está compuesta de gas y polvo.

**Aquí está nuestro Sol.**

La mitología griega da nombre a nuestra querida galaxia. Cuenta la leyenda que la diosa Hera se negó a dar su leche al semidiós **Heracles**. Dejó de amamantarlo, pero de su pecho siguieron cayendo gotitas de leche, que se transformaron en la Vía Láctea. Y eso es lo que significa, «camino de leche». En realidad, es una historia que se inventó para explicar por qué desde la Tierra se percibe como una borrosa banda de luz blanca alrededor de toda la esfera celeste. Durante una noche muy oscura, la podrás contemplar a simple vista.

Se cree que en toda la Vía Láctea puede haber entre diez millones y 1000 millones de **agujeros negros**. El mayor sería el que ocupa el centro: dicen que su tamaño podría ser cuatro millones de veces mayor que el del Sol.

## EL RETO

Hablando de espirales. Aquí tenemos 21 tipos, que se parecen; pero solo hay dos iguales en color, y dos iguales en forma. ¿Sabes cuáles son?

**Andrómeda** es la galaxia más cercana a la **Vía Láctea**. Es aún mayor que la nuestra: hay, por lo menos, el doble de estrellas que en la nuestra. Dicen que, en el futuro, ambas chocarán… ¡y se convertirán en una sola galaxia!

# Agujeros negros

Seguro que has oído hablar alguna vez de ellos. Los agujeros negros son los objetos más extraños del universo. ¿Cómo explicarlos sin volvernos locos? Al menos, ten claras dos cosas: sabemos que existen... ¡y que de ellos no escapa nada!

El primero que vio agujeros negros fue **Albert Einstein**... Vale, en realidad no los vio, sino que los predijo con su teoría de la relatividad general. Incluso otros científicos antes pensaron en algo parecido. Pero, gracias a sus ecuaciones, se empezaron a entender mejor los agujeros negros.

$$e = mc^2$$

## ¡NO MIRES AQUÍ!

O no podrás escapar.

Un agujero negro es una región del espacio tan **densa**, tan densa, que es capaz de atraer cualquier cosa. Desde polvo, gases o la mismísima luz (y el mismísimo tiempo) hasta una lavadora cargada hasta los topes o, incluso, al más pesado de tus profesores. Nada escapa de su gravedad. Nada. Si te invitan, no te acerques.

**ADVERTIDO QUEDAS.**

Cualquier objeto que queda atrapado por un agujero negro se expande **hasta romperse**. Si un astronauta se acercase y lo absorbiese, sería destrozado por la enorme fuerza de gravedad.

DE ESTA NO SALGO.

R.I.P

# EL RETO

Aquí tienes unos agujeros negros muy divertidos. Se han puesto todos juntos (ten cuidado con tanta gravedad), pero siguiendo una pauta. A la derecha, hemos tapado el último. ¿Serías capaz, siguiendo esa lógica, de descubrirlo?

¿Cómo se genera un agujero negro? Eso sí que lo sabemos. Se forma cuando una gran estrella (una GIGANTE ROJA, de un tamaño de 10 a 25 veces mayor que nuestro Sol) muere, es decir, se extingue. Entonces, ese objeto empieza a comprimirse por su propia gravedad. ¡Hasta los mismísimos átomos se aplastan y crujen! Y queda un punto, de unos pocos kilómetros de diámetro, con una masa enorme. No se sabe muy bien qué sucede con todo lo que cae dentro del agujero. ¿Sale por otro lado?

# Asteroides y meteoritos

El espacio, aunque no lo parezca, es un lugar muy transitado. Hay infinidad de partículas y trozos de piedra flotando por ahí afuera. Y la Tierra se encuentra con millones de ellos en su camino alrededor del Sol.

## EL DATO

Al parecer, cada día la Tierra choca con cerca de 50 toneladas de material meteorítico.

Posiblemente, el **asteroide** más famoso de la historia fuel el que impactó contra la Tierra hace 65 millones de años. Ya sabes, el que acabó por extinguir a los dinosaurios y al 75 % de las especies de entonces. Se calcula que tenía 10 km de diámetro y que chocó a unos 75 000 km/h, en lo que hoy es la costa de México.

Pero, la mayoría de las veces, los meteoroides son tan inofensivos como bellos. Cuando atraviesan la atmósfera y dejan tras de sí una cola brillante, los llamamos **estrellas fugaces**… ¡Y nos encantan! Es lo que sucede con las maravillosas **lluvias de estrellas**. Los fragmentos de roca que no se destruyen y llegan a chocar contra el suelo son, propiamente dichos, los **meteoritos**.

## ¡RECUERDA LA DIFERENCIA!

ASTEROIDE = ENTRE 50 M Y 1000 KM DE LARGO.
METEOROIDE = ENTRE UN GRANO DE ARENA Y 50 M DE LARGO.

El término meteoro viene del griego, donde significa «**fenómeno en el cielo**». El meteorito más grande y pesado del mundo se encuentra en un lugar remoto de Namibia: el **meteorito Hoba**. Hay quien piensa que la vida llegó a la Tierra en forma de virus o bacterias que viajan en las rocas. Esta interesante teoría se llama **panespermia**.

# EL RETO

Este asteroide quiere llegar hasta la Tierra... Pero le hemos puesto un «colchón» para que desacelere, en forma de laberinto. ¿Sabes por dónde tiene que pasar para aterrizar suavemente en la Tierra?

# Nuestro Sistema Solar

Hay ocho planetas en el Sistema Solar. La Tierra (has elegido el mejor para vivir) y otros siete. Los cuatro primeros son sólidos y densos. Los cuatro siguientes son mucho más grandes... pero gaseosos: ¡no tienen superficie sólida!

**MERCURIO** es el primer planeta desde el Sol y el más pequeño de ellos. ¡El pobre no tiene ni atmósfera ni satélites!

**VENUS** es el siguiente planeta. Se puede ver perfectamente desde la Tierra. Brilla en el cielo al amanecer y al atardecer. Recibe su nombre por la diosa romana del amor.

**MARTE** es el cuarto planeta. Es el más parecido a la Tierra por tamaño. Dicen que el ser humano llegará allí en unos pocos años. ¿Seremos capaces de soportar el frío que hace?

**JÚPITER** es el primer planeta exterior o gaseoso. Es el más grande del Sistema Solar, y el más antiguo. ¡Más antiguo incluso que el Sol! En su interior podrían caber unas 1 300 Tierras. ¡Así de grande es!

**TIERRA** Aquí vives tú, terrícola.

**SATURNO** es famoso por sus brillantes y grandes anillos. A ver, no son anillos de boda, sino de polvo y piedras que giran a su alrededor.

# EL RETO

Encuentra los nombres de los ocho planetas en esta sopa de letras sideral.

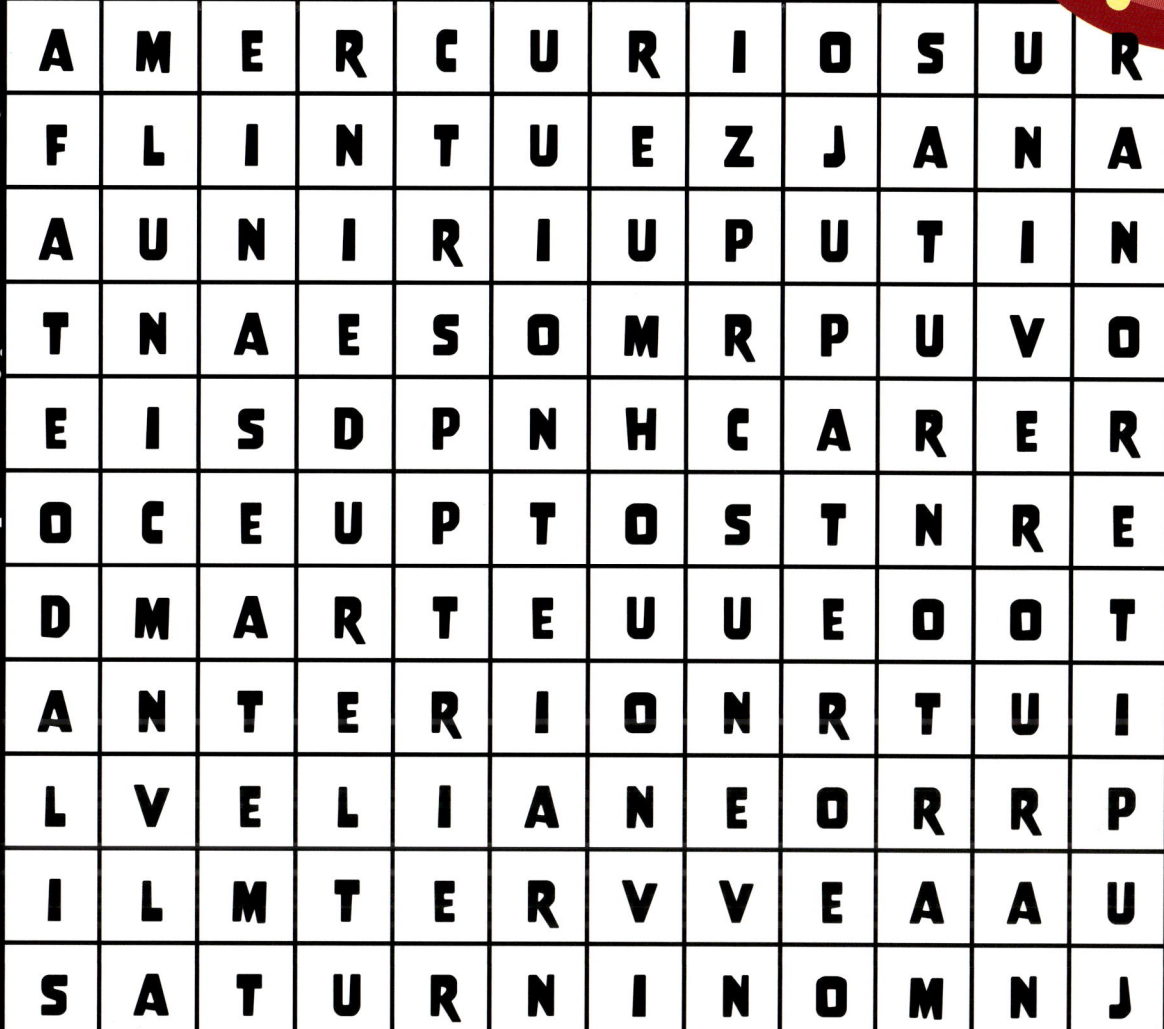

| A | M | E | R | C | U | R | I | O | S | U | R |
| F | L | I | N | T | U | E | Z | J | A | N | A |
| A | U | N | I | R | I | U | P | U | T | I | N |
| T | N | A | E | S | O | M | R | P | U | V | O |
| E | I | S | D | P | N | H | C | A | R | E | R |
| O | C | E | U | P | T | O | S | T | N | R | R |
| D | M | A | R | T | E | U | U | E | O | O | T |
| A | N | T | E | R | I | O | N | R | T | U | I |
| L | V | E | L | I | A | N | E | O | R | R | P |
| I | L | M | T | E | R | V | V | E | A | A | U |
| S | A | T | U | R | N | I | N | O | M | N | J |

**URANO**
tarda 85 años terrestres en dar una vuelta al Sol, así que allí celebrarías pocos cumpleaños. También tiene anillos… ¡Pero tan finos que casi no se ven!

**NEPTUNO**
tarda 160 años terrestres en dar una vuelta al Sol. ¡El que más! Pero claro, también es porque está más lejos que ninguno. Allí sopla el viento a… ¡2000 km/h!

# Distancias espaciales

El universo es tan inmensamente grande e inabarcable que, para referirnos a las distancias entre lugares, no nos sirven nuestros humildes kilómetros. Sería como medir en décimas de milímetro el perímetro de la Tierra. ¡O mucho peor! Existen otras unidades más apropiadas.

La estrella más cercana al Sol es Próxima Centauri y se encuentra a 4,3 años luz de distancia.

Distancia lunar

La Unión Astronómica Internacional definió en 1976 algunas medidas más «cómodas» para moverse por el espacio. Quizá la más conocida sea la **Unidad Astronómica de longitud** (UA): equivale a la distancia media entre el planeta Tierra y el Sol. Es decir, 149 597 870 km. ¡Mejor usar UA en vez de kilómetros, así no nos quedaremos sin papel!

Una **distancia lunar** es la distancia media entre la Tierra y la Luna: 384 400 km. Se utiliza sobre todo para medir la distancia entre la Tierra y meteoritos o cometas. Desde la Tierra, se puede llegar a la Luna en dos o tres días, para hacernos una idea.

Otra medida muy empleada en astronomía (y que te sonará) es el AÑO LUZ. Es fácil: es la distancia que recorre la luz en un año. En kilómetros equivale a (¡glups!) 9 460 730 472 580,8 unidades (9,46 billones de km). También se utilizan el segundo luz y el minuto luz para describir distancias dentro del Sistema Solar.

# EL RETO

Aquí tenemos cuatro flotas de naves espaciales, especialistas en viajes de larga distancia. Deberás unir cada grupo de cuatro con su sombra. ¡Adelante!

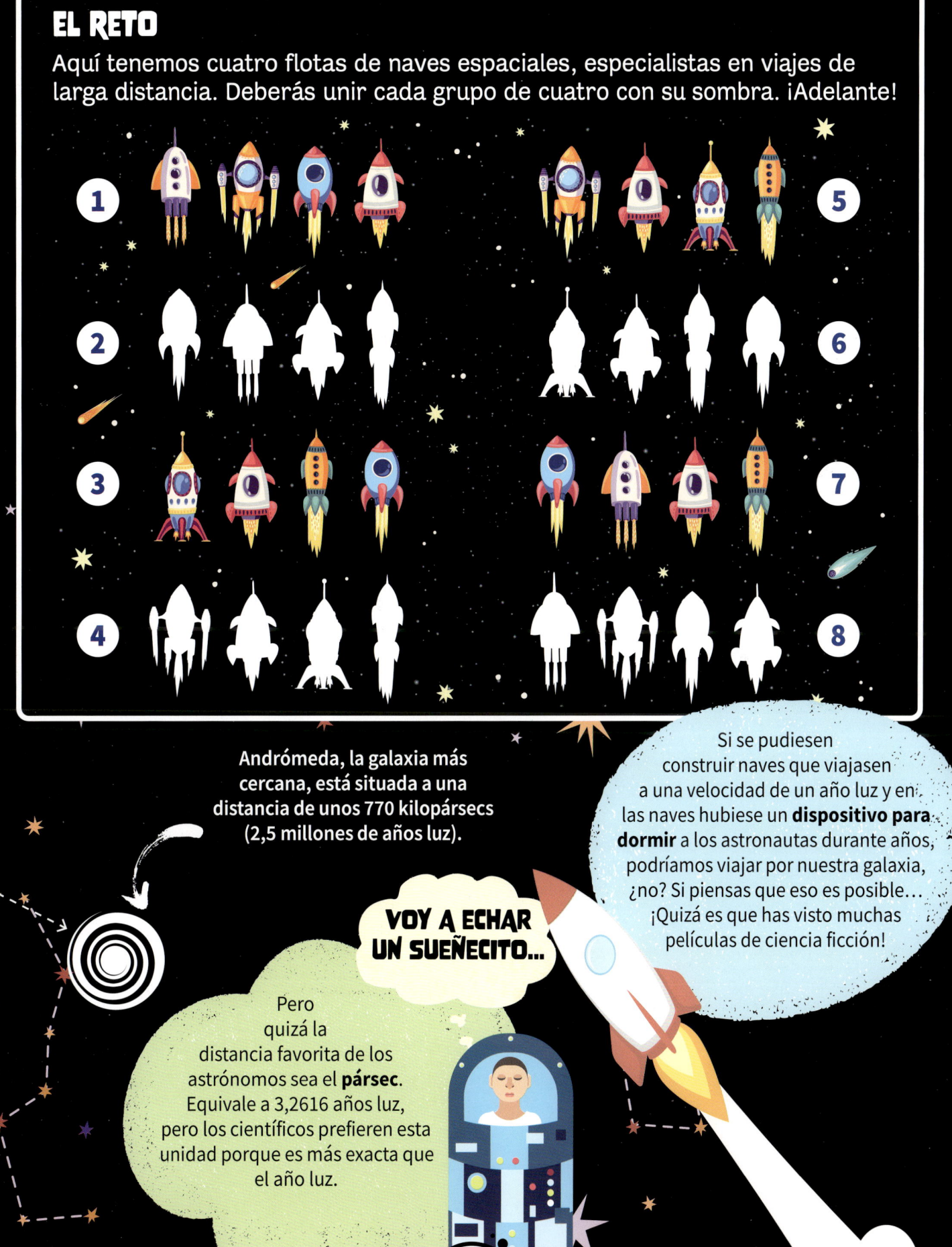

Andrómeda, la galaxia más cercana, está situada a una distancia de unos 770 kilopársecs (2,5 millones de años luz).

Si se pudiesen construir naves que viajasen a una velocidad de un año luz y en las naves hubiese un **dispositivo para dormir** a los astronautas durante años, podríamos viajar por nuestra galaxia, ¿no? Si piensas que eso es posible… ¡Quizá es que has visto muchas películas de ciencia ficción!

**VOY A ECHAR UN SUEÑECITO…**

Pero quizá la distancia favorita de los astrónomos sea el **pársec**. Equivale a 3,2616 años luz, pero los científicos prefieren esta unidad porque es más exacta que el año luz.

# El Sol abrasa

Es mucho más grande que la Tierra y además la fuente de luz y calor para ella y todos los seres vivos. Está compuesto sobre todo de hidrógeno, que se quema en su interior y cuya energía nos llega ya «templada» a la Tierra. Pero no nos confiemos: el Sol es imprescindible y el origen de la vida; y sin embargo, ¡un exceso de sus rayos puede ser mortal!

El Sol es amarillo porque su temperatura es intermedia entre el azul de las estrellas jóvenes y el rojo de las estrellas viejas. Con los años, el Sol se irá volviendo viejo y se pondrá de COLOR ROJO, igual que a las personas les cambia el color de cabello a blanco cuando ya son muy mayores.

Si este es el Sol…

… proporcionalmente, esta es la Tierra.

En el diámetro del Sol (lo que mide, en línea recta, de un lado a otro) caben unas 110 Tierras. Si hablamos de VOLUMEN, en su interior cabrían 1 300 000 Tierras. La distancia media entre ambos astros es de 150 millones de kilómetros. Su luz nos tarda en llegar 8 minutos y 20 segundos.

Para muchas culturas antiguas, el Sol era un auténtico DIOS. Y es normal que así lo creyeran, porque sabían que de su energía dependían las cosechas y su supervivencia. Los egipcios lo llamaron Ra; los griegos, Helios, los aztecas, Tonatiuh…

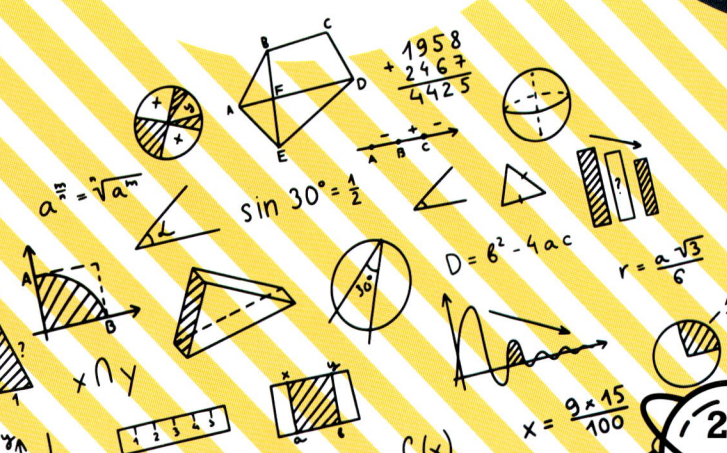

20

## EL RETO

Intenta contar todas las líneas amarillas diagonales que atraviesan esta doble página. ¡Es más fácil de lo que parece!

Ya te puedes imaginar que el Sol emite mucha, muchísima energía. Parte de ella son los **rayos ultravioleta**. La atmósfera de la Tierra deja pasar muchos de ellos y eso puede ser un problema para nuestra piel. Si recibimos muchos rayos ultravioleta durante mucho tiempo, podemos enfermar. Por eso hay que ponerse protección en forma de cremas en verano. ¡O pasar más tiempo a la sombra!

Los científicos afirman que el Sol ha gastado la mitad del **hidrógeno** que se encuentra en su núcleo, por lo que tendría una duración de otros 5 000 millones de años. Así que no tengas miedo de que se apague pronto... ¡Lo podrás seguir disfrutando cada día en la playa o en la montaña! ¡Ponte una buena gorra!

## EL DATO

Su **temperatura superficial** es de 5 800 grados centígrados y emite más energía en un segundo que toda la que ha consumido la humanidad en su historia.

# La Tierra, un planeta para quererlo

Ya sabes de sobra que la Tierra es un planeta esférico, que rota sobre su eje y gira alrededor del Sol en un Sistema Solar casi vacío, casi oscuro. Por eso te mostramos aquí otra cosa: un planeta lleno de luz, amor y vida, que te da cobijo. La Tierra es un lugar singular y único: es nuestra madre, y no hay más que una. Cuidémosla.

### EDAD
La Tierra es toda una veterana: se formó hace **4 500 millones de años**, aunque el universo ya llevaba «vivo» casi 10 000 millones.

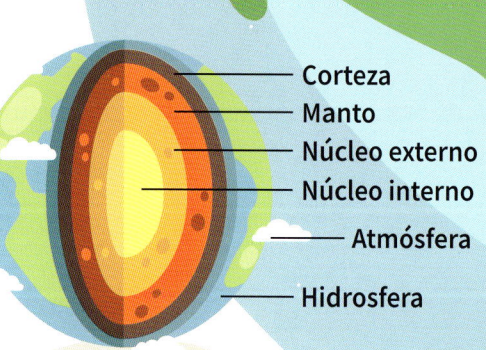

- Corteza
- Manto
- Núcleo externo
- Núcleo interno
- Atmósfera
- Hidrosfera

### INTERIOR
Es el planeta más denso del Sistema Solar, porque la Tierra tiene un corazón de oro… ¡Perdón! Un **núcleo interior** de hierro. En la **corteza terrestre** (la zona más externa) el elemento más abundante es el oxígeno.

### VIDA
Cuando pasaron 1 000 millones de años, surgió (y no sabemos cómo) la primera forma de vida terrestre: el último antepasado común universal, o **LUCA**. Tuvo que ser un antepasado muy solo y aburrido, el pobre.

### FORMA
En realidad, la Tierra no es una esfera perfecta. El diámetro en el ecuador es 43 km más largo que el diámetro del polo norte al polo sur. Vamos, está **achatada** por arriba y por abajo, un poco como la figura que contiene este texto.

## EL RETO

Con cifras tan grandes, vas a necesitar práctica. Empieza por resolver estas operaciones.

**TAMAÑO**
Un paseo por la Tierra por la parte del ecuador supondrá una caminata de 40 091 km. Es decir, tiene un radio allí de 12 756 km. Si quieres caminar menos, ya sabes, ¡ve por los polos!

# La Luna es... atractiva

La Luna es un satélite natural de la Tierra que se formó hace unos 4 500 millones de años, y es el único cuerpo celeste del Sistema Solar en el que el ser humano ha dejado huellas. Sin nuestra querida Luna, la vida en la Tierra no sería igual... ¡Quizá hasta puede que no hubiera vida!

SOL

Las fases lunares tienen un orden distinto según el hemisferio desde donde se mire.

El ciclo completo se llama lunación y dura 29 días y medio.

La Luna tiene cuatro fases principales: **luna nueva, cuarto creciente, luna llena** y **cuarto menguante**. Estas fases se producen por dos causas: el movimiento que hace alrededor de la Tierra y porque la Luna refleja la luz del Sol. La parte que veamos iluminada dependerá de lo que ilumine el Sol... ¡visto desde la Tierra, claro!

La Luna influye en la vida de los humanos de muchas maneras. Pero quizá la principal es con las **mareas**: cada 24 horas (casi) hay dos mareas altas y dos bajas. Esto se debe a la atracción de la gravedad: la Luna «tira» del agua y la hace subir y bajar según el momento del día. ¡Tiene una fuerza increíble!

Las mareas influyen mucho en la navegación marítima y crean ecosistemas muy especiales en las costas.

¡A MÍ NO ME MAREA NI LA MAREA!

| HEMISFERIO NORTE |  |  |  |  |  |  |  |  |
|---|---|---|---|---|---|---|---|---|
| | Luna nueva | Luna creciente | Cuarto creciente | Gibosa creciente | Luna llena | Gibosa menguante | Cuarto menguante | Luna menguante |

| HEMISFERIO SUR |  |  | 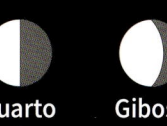 | | | | |  |
|---|---|---|---|---|---|---|---|---|
|  | Luna nueva | Luna creciente | Cuarto creciente | Gibosa creciente | Luna llena | Gibosa menguante | Cuarto menguante | Luna menguante |

## EL RETO

Con las pistas que te damos, adivina los valores de cada luna y resuelve las cuentas de abajo.

 **0**   **1**   **2**

     **7**

       **13**   **14**

 +  +  = **?**

 +  -  = **?**

 +  -  = **?**

 -  +  = **?**

 x  x  = **?**

# Fascinantes eclipses

Son algo único, mitad astronomía, mitad magia. Bueno, en realidad no tienen nada de extraño, suceden por pura lógica, pero hay algo en ellos que nos fascina. ¿Qué es? ¿Quedarnos a oscuras a pleno día? ¡Seguro! Pero no es solo eso.

Hay un **eclipse** cuando tres o más astros se colocan en línea recta. Es decir, en nuestro caso (porque eclipses hay en muchos otros planetas con satélites) debido a la **alineación de la Tierra**, la **Luna** y el **Sol** en el espacio. Durante milenios, muchas culturas atribuyeron esta casualidad a caprichos de los dioses, que les mandaban mensajes de aviso. ¡Menos mal que los astrónomos lo explicaron!

¡HA MERECIDO LA PENA!

## Cómo mirar a un eclipse

| | |
|---|---|
| **SÍ** | gafas certificadas |
| **NO** | gafas normales |
| **SÍ** | proyector de agujero |
| **NO** | cámara |

Los eclipses se han puesto de moda. Tanto, que mueven a cientos de millones de personas dispuestos a **viajar** hasta los lugares donde ocurren los eclipses. Este tipo de turismo es muy curioso y divertido… ¡Pero siempre que se cumplan las instrucciones de seguridad! NUNCA mires directamente al Sol y acude con el equipo adecuado para contemplar el fenómeno.

## EL RETO

Vamos a retarte con un juego de lógica. Imaginemos que tenemos estos datos:
Hoy es 1 de enero de 2050 y hay un eclipse total.
Este año, cada 100 días habrá otro nuevo eclipse total.
¿Cuántos eclipses totales habrá este año y en qué fecha serán?

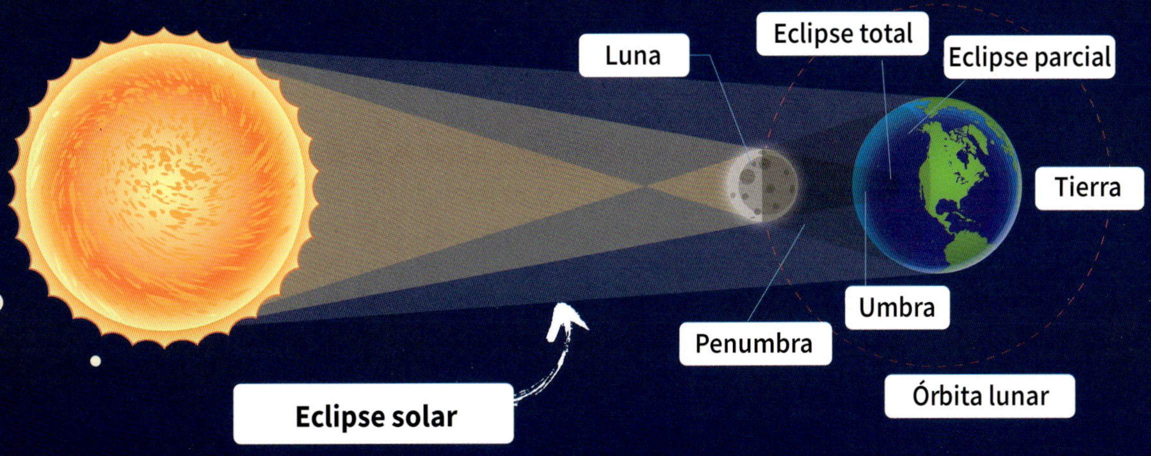

Luna

Eclipse total

Eclipse parcial

Tierra

Umbra

Penumbra

Órbita lunar

**Eclipse solar**

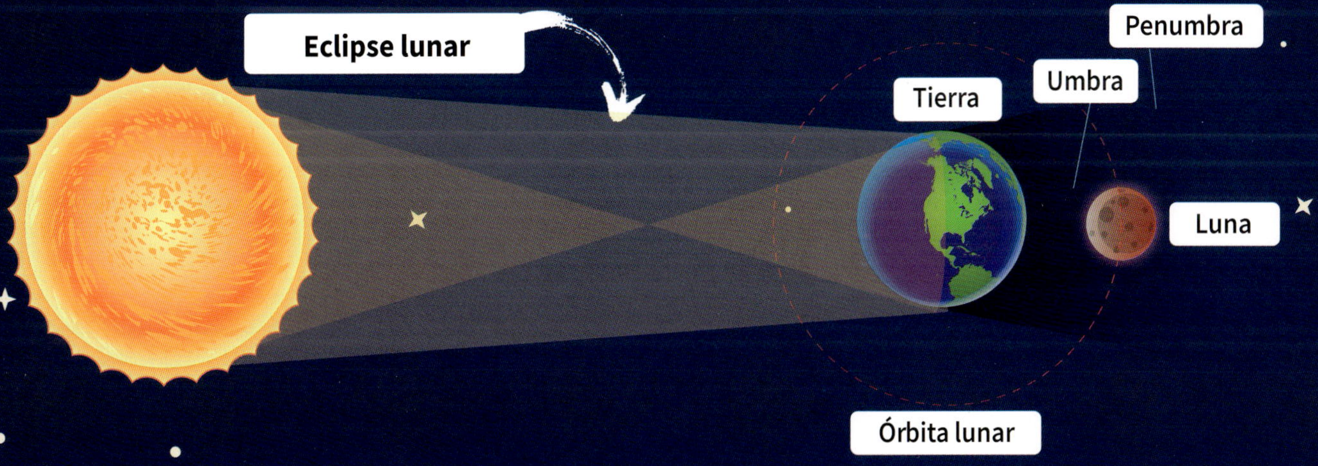

**Eclipse lunar**

Penumbra

Umbra

Tierra

Luna

Órbita lunar

Podemos predecir los eclipses. De hecho, hay una tabla con los eclipses de los próximos 1 000 años. Puedes consultarla y planear un viaje a un lugar con eclipse con mucha antelación. Y recuerda que hay tres tipos de eclipses solares: los PARCIALES, los ANULARES y los TOTALES. Los primeros suceden cuando la Luna cubre solo una parte del Sol; los anulares no cubren el Sol del todo, porque la Luna está en su punto más lejano de la Tierra y parece más pequeña, así que vemos como un «anillo de fuego»; y los eclipses totales, cuando la Luna bloquea por completo al Sol: con estos, durante unos minutos, parece que ha venido la noche.

# Montar, dormir... y viajar

Para viajar por el espacio, lo primero que hay que tener es un cohete que te lleve lejos. Y, luego, estar preparado para pasar mucho tiempo dentro de la nave. Ninguna de las dos cosas son fáciles. Te explicamos por qué.

Como ya sabes, hace falta mucha velocidad para salir de la Tierra. Es decir... ¡mucha energía! Y una nave espacial para un viaje largo **pesaría mucho**. Entre otras cosas, por llevar toneladas de comida y suministros para un viaje tan largo. Sería tan pesada que sería prácticamente imposible hacerla despegar. ¡Adiós, viajes espaciales!

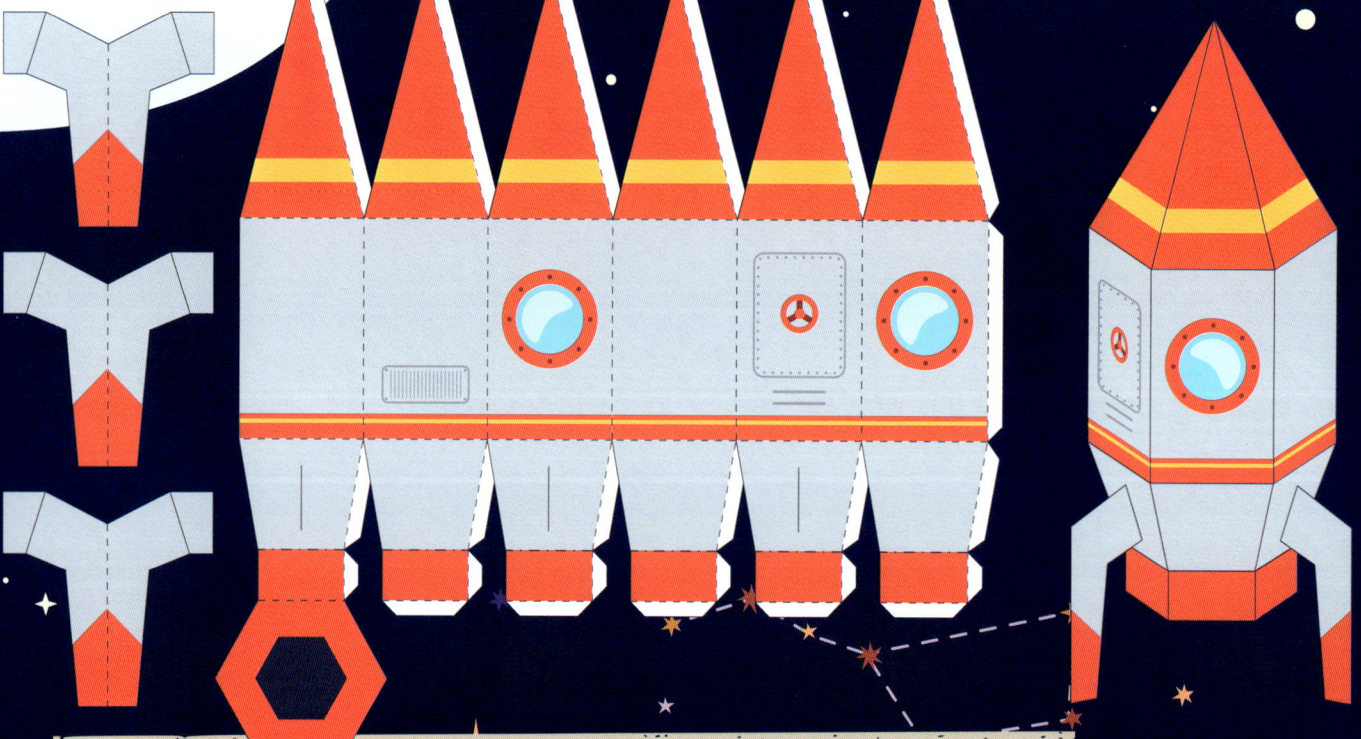

¡Nos hacen falta soluciones creativas! Para solventar el problema del peso, se ha pensado poner en órbita, por partes, la nave espacial. Es decir, montar la nave a unos 400 km de la superficie, en la llamada órbita baja terrestre. Otra opción para un futuro, cuando haya una base estable en la Luna, sería preparar allí la nave. La VELOCIDAD DE ESCAPE en la Luna es de 2,38 km/s, cinco veces menos que en la Tierra. Eso sí, habría que ir subiendo todo poquito a poco. ¡Aún queda lejos!

## EL DATO

El cohete **Starship** será el más potente del mundo y además es 100 % reutilizable. Podrá cargar hasta 150 toneladas de peso y podrá llevar astronautas a la Luna.

## EL RETO

Te proponemos un juego de lógica espacial muy especial:
Un astronauta le da una patada a una pelota encima de su nave, que se aleja cinco metros, pero vuelve directamente a él sin que nadie se la devuelva. Al día siguiente, encima de la misma nave, vuelve a patear la pelota con idéntica fuerza, pero sale despedida hasta el infinito. ¿Por qué?

¡Más problemas! Los viajes por el espacio necesitan de mucho tiempo. Para ir a Marte (lo más cercano y factible) harían falta ocho meses. ¡Y para Júpiter, dos años! ¿Qué harían los astronautas tanto tiempo encerrados? ¡Qué aburrimiento! La solución sería la **hibernación**. Poner a los astronautas en una cápsula, a baja tempertura, donde entrarían en letargo, como los osos en invierno, por ejemplo. Se cree que podrían pasar 14 días seguidos hibernando y luego otros dos, despiertos. ¡Y vuelta a dormir!

¡DESENCHUFAR, DESENCHUFAR!

De esa manera, no solo se aburrirían menos, sino que la nave pesaría mucho menos, porque habría que cargar menos alimentos. Los astronautas se alimentarían **con un suero**, gota a gota. Eso sí, la tripulación tendría que turnarse, para que siempre hubiera alguien despierto al mando. No sea que el robot de la nave se vuelva loco…

# El traje espacial

¡Ya tienes el cohete! Es la hora de los trajes espaciales: se personalizan conectando muchas piezas intercambiables diseñadas para diferentes tipos de complexiones y tallas.

Micrófono, altavoces y una **cámara** para comunicarse mientras arregla algo en el exterior de la nave.

El **oxígeno** va en la espalda del astronauta. Son como las botellas de un submarinista y duran más de siete horas.

Los **guantes** de los astronautas tienen cinco capas.

**Casco** a prueba de balas… por si se aproxima un meteorito.

En la **mochila** de la espalda llevan el agua para beber y la refrigeración que mantiene la temperatura del cuerpo estable.

Los **zapatos** no tienen una suela especial. Solo se han usado suelas adherentes en las misiones que necesitaban pisar la superficie lunar.

## EL DATO

Un traje espacial pesa unos 130 kg en la Tierra, sin nadie dentro. En el espacio no hay gravedad, así que… ¡no pesa absolutamente nada!

# EL RETO

Encuentra las siete diferencias.

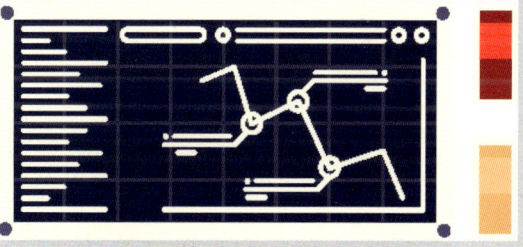

Apúntalas aquí:

...............................................................

...............................................................

...............................................................

...............................................................

...............................................................

...............................................................

...............................................................

# 3, 2, 1...
# ¡Despegue!

¿Quieres saber cómo
consigue salir de la Tierra
un cohete espacial?
¡Sigue leyendo!

**4** La nave abandona
la gravedad
terrestre y ya
puede mantenerse
FLOTANDO por el
espacio.

**3** Luego se desprende del depósito
de HIDRÓGENO y OXÍGENO.

**2** Cuando el TRANSBORDADOR alcanza los
45 km de altitud se desprende de los dos cohetes
laterales, que descienden en paracaídas hasta la
Tierra para ser reutilizados.

**1** Hace falta una enorme cantidad de FUERZA Y VELOCIDAD para
escapar de la gravedad de la Tierra y llegar al espacio. ¿Cómo se
consigue? Con una explosión increíblemente poderosa que impulsa
el pesado vehículo por los cielos.

## EL RETO

Ayuda al astronauta a llegar a la nave a través del camino correcto.

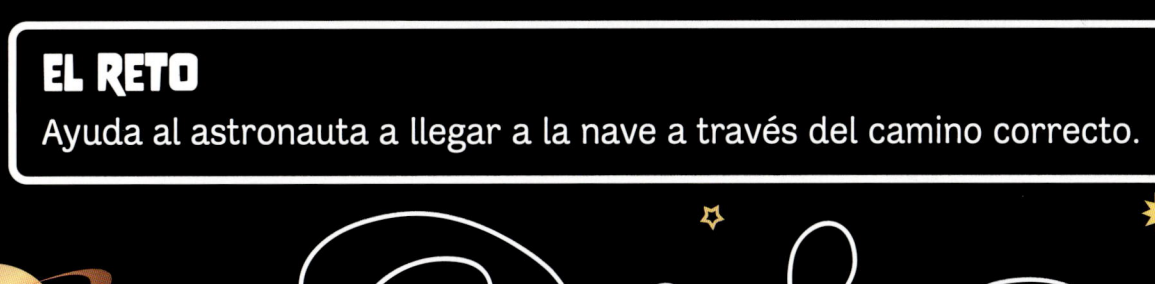

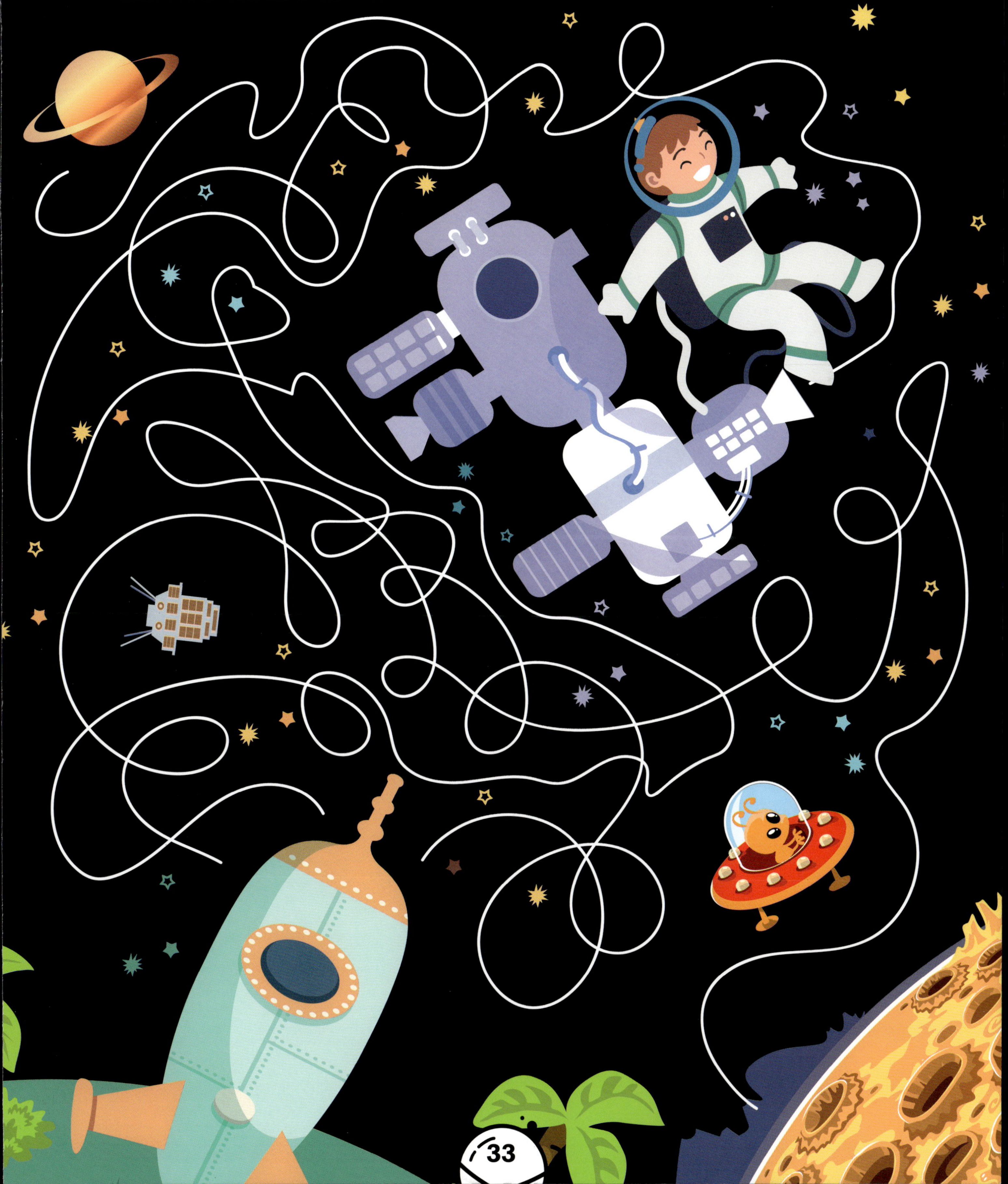

# El humano en la Luna

El 20 de julio de 1969 la nave Apolo 11 llegó a la Luna: ¡era la primera vez que un ser humano pisaba la superficie de nuestro satélite! Se convirtió en el acontecimiento más relevante del siglo pasado.

El viaje hacia la Luna no fue nada fácil y estuvo lleno de desafíos. Durante los días que duró la misión, la tripulación tuvo que enfrentarse a condiciones extremas y SITUACIONES INESPERADAS. Sin embargo, gracias a la meticulosa planificación y colaboración de científicos, ingenieros y astronautas, el Apollo 11 logró con éxito su objetivo.

El comandante NEIL ARMSTRONG fue el primer ser humano en caminar sobre la superficie lunar, seguido por el piloto del módulo lunar BUZZ ALDRIN. Juntos pasaron unas dos horas y media explorando y recolectando muestras.

## EL DATO

Desde aquel día, han llegado a la Luna **seis misiones** más y otros 10 astronautas pisaron su superficie. El último, por el momento, fue en diciembre de 1972.

## EL RETO

Los astronautas del Apolo 11 tuvieron que superar esta prueba para entrar en la NASA. Encuentra el valor de cada planeta teniendo en cuenta el resultado de las sumas y restas. Ellos lo lograron... ¿y tú?

 = 12

 = 14

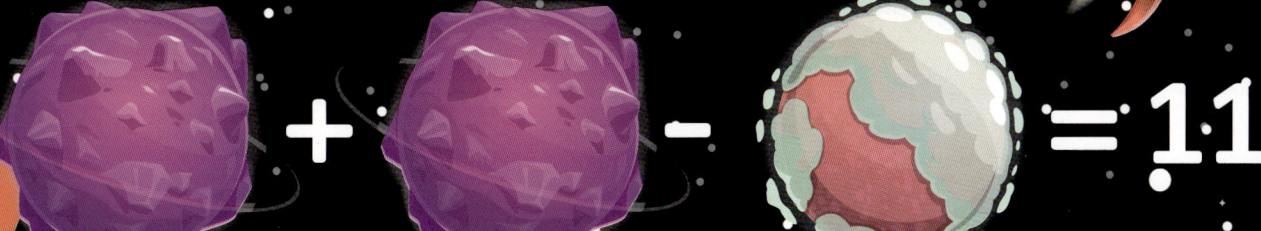 = 11

# Astronautas inolvidables

La historia de la conquista espacial la han escrito políticos, científicos y astronautas. Estos últimos se han convertido en exploradores legendarios. Sin duda, ¡unas auténticas estrellas!

La primera mujer en llegar al espacio fue la también soviética **Valentina Tereshkova**. Lo hizo el 16 de junio de 1963 y pasó nada menos que tres días en el espacio. Durante ese tiempo, su nave, la Vostok 6, dio 48 vueltas a la Tierra. ¡Y no se mareó! ¡Valiente, Valentina!

Si hay un astronauta famoso, ese tiene que ser el primero: es decir, **Yuri Gagarin**. Este astronauta de la Unión Soviética fue el primer ser humano en ser lanzado al espacio. Eso ocurrió el 12 de abril de 1961, una fecha memorable para la humanidad. Gagarin no solo llegó al espacio, sino que su nave, la **Vostok 1**, dio una vuelta a la Tierra durante los 108 minutos que permaneció en órbita. Gagarin se convirtió en un héroe, pero murió joven… ¡en un accidente de aviación! ¡Qué casualidad!

Otra marca importante es la que tiene el ruso **Valeri Poliakov**: la persona que más tiempo ha pasado de manera consecutiva en el espacio exterior: 437 días. Sin embargo, su compatriota Guennadi Pádalka ha estado más tiempo acumulado fuera de la Tierra: ¡879 días! ¡Todo un récord!

**2**

**1**

«CASI»

**3**

Por supuesto, conocerás a los tres astronautas del primer vuelo a la Luna: los estadounidenses Neil Armstrong, Buzz Aldrin y Michael Collins. En realidad, solo los dos primeros bajaron a la superficie, porque Collins tenía que quedarse en la nave principal. Armstrong también fue quien dijo la famosa frase: «Un pequeño paso para el hombre, un gran salto para la humanidad». Te suena, ¿verdad?

# EL RETO

Este astronauta no quiere hacerse famoso por ser el primero en perderse en el espacio. Por favor, señálale cuál de los tres caminos ha de tomar para regresar a su nave.

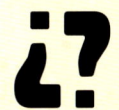

**1**

**2**

**3**

# Animales en el espacio

Los humanos han conseguido salir al espacio, sí. Pero, creételo, antes llegaron algunos animales. Ellos han sido protagonistas de experimentos antes de que los prudentes científicos se atreviesen a enviar astronautas a lo desconocido…

Lo primero que tenemos que saber es que por «espacio» se entiende lo que supera los **100 km** desde la corteza terrestre.

Los primeros animales en llegar al espacio fueron… ¡unas **moscas**! Las lanzaron desde Estados Unidos el 20 de febrero de 1947… ¡Y consiguieron regresar sanas y salvas!

En 1949, mandaron el primer mamífero al espacio: un **macaco** al que llamaron **Albert II**. Este no tuvo tanta suerte. ¡Su cohete se estrelló a la vuelta!

Los experimentos con animales fueron importantes porque no se sabía si un ser vivo sobreviviría al despegue y a los **rayos cósmicos**. Gracias a ellos, supimos que sí. ¡Pero muchos animalitos murieron en el camino!

Pero, sin lugar a dudas, el animal más famoso en el espacio fue la perra **Laika**. ¿Por qué? Porque fue el primer ser vivo en órbita (es decir, que dio vueltas a la Tierra). La Unión Soviética la lanzó al espacio en el satélite **Sputnik 2**, el 3 de noviembre de 1957. Eso sí: no volvió viva (como estaba previsto). En 1960 lanzaron otro satélite con las perras **Belka** y **Strelka**: ¡ellas sí volvieron a la Tierra sanas y salvas!

# EL RETO

Aquí tenemos dos naves distintas: unas se dirigen hacia arriba, y otras hacia abajo. ¿Sabes cuántas hay de cada una, y cuántas miran hacia arriba y cuántas hacia abajo?

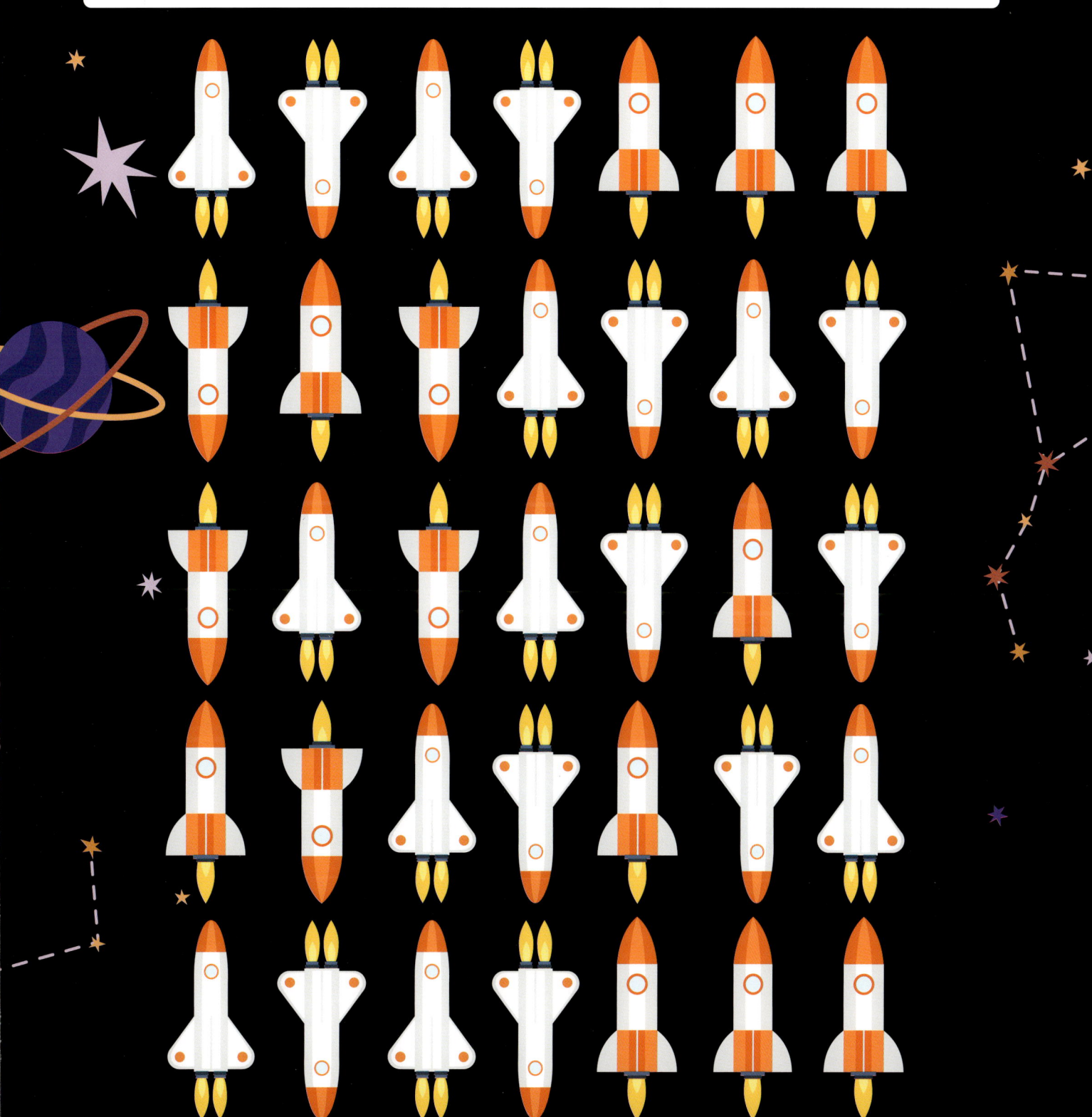

# La Estación Espacial Internacional

Podemos decir que este es el proyecto estrella de la humanidad. Personas de muy distinta procedencia se han juntado para hacer posible que el ser humano tenga una residencia fija en el espacio.

La EEI no es la primera estación espacial. Antes hubo otras nueve. Pero, desde luego, es la más grande y duradera y en la que muchos países han colaborado, sin importar su ideología: ¡el interés era el mismo! La primera pieza se puso en 1998 y fueron llegando más piezas, hasta que en 2000 ya pudo recibir astronautas. Orbita a unos **400 km de altitud**.

Desde entonces está habitada por astronautas. Estos llegan en naves que se acoplan y les permiten pasar a la EEI. En ella realizan **experimentos científicos**, en laboratorios divididos según los países que los encargan. La Unión Europea. Estados Unidos, Rusia, Japón y Canadá son los principales impulsores del proyecto, aunque han ido astronautas de muchos países distintos.

# EL RETO

Estos astronautas se han encontrado con una sorpresa: unos alienígenas les han dejado una nota en la escotilla de la Estación Espacial Internacional, escrito en su lenguaje. ¡Menos mal que les han dejado apuntado su equivalencia con nuestro alfabeto! ¿Sabes qué quieren comunicarles?

A B C D E F G H I J K L M

N O P Q R S T U V W X Y Z

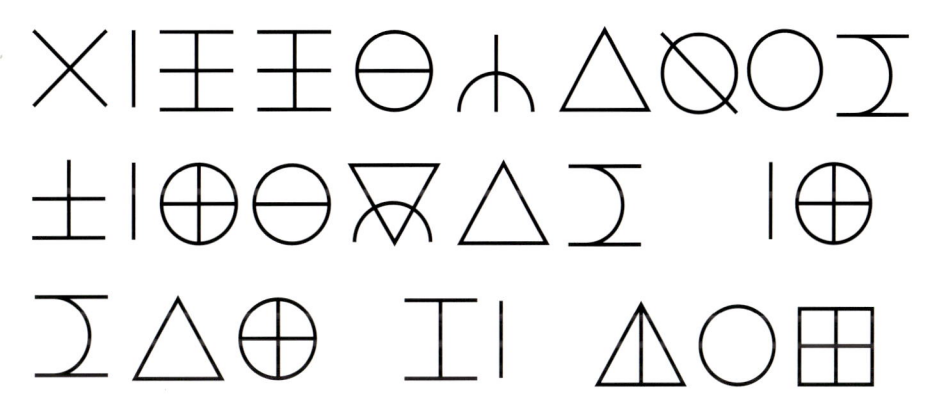

La EEI da una vuelta a la Tierra cada 90 minutos.
Así que los astronautas que viven allí ven salir y ponerse el Sol… ¡16 veces al día! Los paneles solares le proporcionan energía para seguir funcionando, pero algún día dejará de prestar servicio. Se cree que estará en servicio hasta 2028, pero será difícil que dure mucho más.

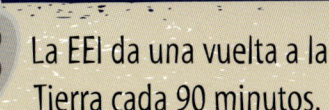

¡QUEDA POCO!

# Viviendo en el espacio

Hay misiones en el espacio que duran días, semanas y hasta meses. Y vivir en el espacio no es nada fácil...

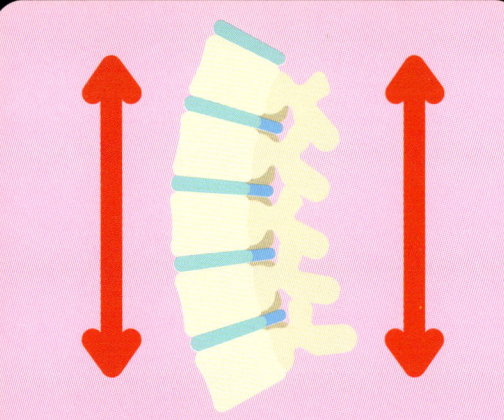

## ¡Soy más alto!

La columna vertebral, libre de la fuerza de gravedad de la Tierra, comienza a enderezarse. ¡Esto puede hacer **aumentar** hasta 5,72 cm su altura!

## Higiene personal

Las **duchas** no son posibles en un ambiente sin gravedad: ¡el agua flotaría! Así que tienen que usar gel de ducha sin agua y una esponja para extenderlo.

## Ropa interior

 Se la cambian cada tres días. La ropa sucia se **destruye**.

## Atrofia muscular

Los músculos se **debilitan** y se hacen más pequeños por la falta de gravedad. Así que tienen que hacer ejercicio a diario en un gimnasio especialmente adaptado.

## Hora de ir al baño

Para hacer pis, emplean un pequeño embudo conectado a un tubo con un **ventilador** que genera la **succión** necesaria para que el líquido no quede flotando. Lo mismo ocurre con las heces...

# EL RETO

La falta de gravedad ha hecho que estos 12 objetos floten sin control dentro de la nave... ¡Encuéntralos!

# ¡Amartizaje!

Vamos a ver: como la Tierra, ningún sitio.
Muy (muy) mal se tendrían que poner las
cosas en la Tierra para querer ir a Marte.
Esas son cosas de la ciencia ficción.
Pero llegar a Marte es posible,
ya no es cosa de
nuestra imaginación.

¡CUIDADO, TERRÍCOLAS!

PUES YO ESTOY MUY A GUSTITO...

Podemos ver Marte a simple vista desde la Tierra. Brilla algo menos que Venus, pero se distingue por tener un tono **ligeramente rojizo**. Y es que su superficie está cubierta de óxido de hierro… que es de un color rojo apagado. También tiene dos satélites, **Deimos** y **Fobos**… ¡Pero son muy pequeños!

Ya hay proyectos para crear una colonia humana en Marte y hay quien dice que llegaremos hacia 2040. Sería muy difícil sobrevivir allí, puesto que hace mucho frío, **-46 ºC de media**, y la atmósfera es tan fina que apenas nos protegería de los rayos cósmicos. Eso sí, la gravedad es solo un 38 % la de la Tierra, ¡con lo cual nos sentiríamos super fuertes! Al menos, al saltar…

Marte se parece a la Tierra por los valles, desiertos y casquetes polares de la Tierra. El periodo de rotación es similar (24,6 horas) y hay estaciones parecidas a las terrestres, debido a la inclinación de su eje. Si el **hielo de los polos** se fundiese, podría cubrir todo el planeta con una profundidad de 11 m. Marte es el planeta más parecido a la Tierra, sí… ¡Pero ya le gustaría parecerse mucho más!

# EL RETO

¡Buenas noticias! El astronauta de abajo ha encontrado vida en Marte. Además, ¡los marcianos parecen muy simpáticos! El único problema es que se parecen mucho entre sí, aunque, en realidad, aquí abajo hay solo dos iguales. ¿Sabrías señalar cuáles son?

Para sobrevivir en Marte, los astronautas tendrían que plantar sus propias **cosechas** de vegetales.

# Ojo: ¡basura espacial!

Allá afuera, en la órbita terrestre, está todo hecho un asco. Como lo lees. Después de varias décadas de exploración espacial, se han enviado al espacio miles de objetos. ¿Cuántos han vuelto a la Tierra? Tan solo una parte. ¿Y el resto? ¿Dónde están? ¿Qué hacen? Prepárate para la respuesta...

Los objetos artificiales que permanecen en la órbita terrestre se convierten en BASURA ESPACIAL. Son satélites abandonados, trozos de cohetes, fragmentos generados por otros choques... Es algo que va a peor y que tiene efectos graves para la «circulación» en el espacio.

## EL RETO

¡Atención! Ha habido una colisión entre satélites y se han quedado flotando por esta doble página varias tuercas. ¿Puedes recogerlas y reducir la basura espacial? ¿Cuántas tuercas son?

Hasta que se pacte una solución definitiva, se ha llegado a un acuerdo (que tan solo retrasa la solución real): se ha creado una ÓRBITA CEMENTERIO. Es decir, «subir» los satélites que dan vueltas a una gran altura a una órbita aún más elevada (¡sobre los 36 000 km!) donde la probabilidad de choque es menor. Pero no siempre les queda combustible para llegar tan alto... Y, en el futuro, habrá tanta densidad de objetos que también será peligrosa. ¿Volverán los satélites de su tumba?

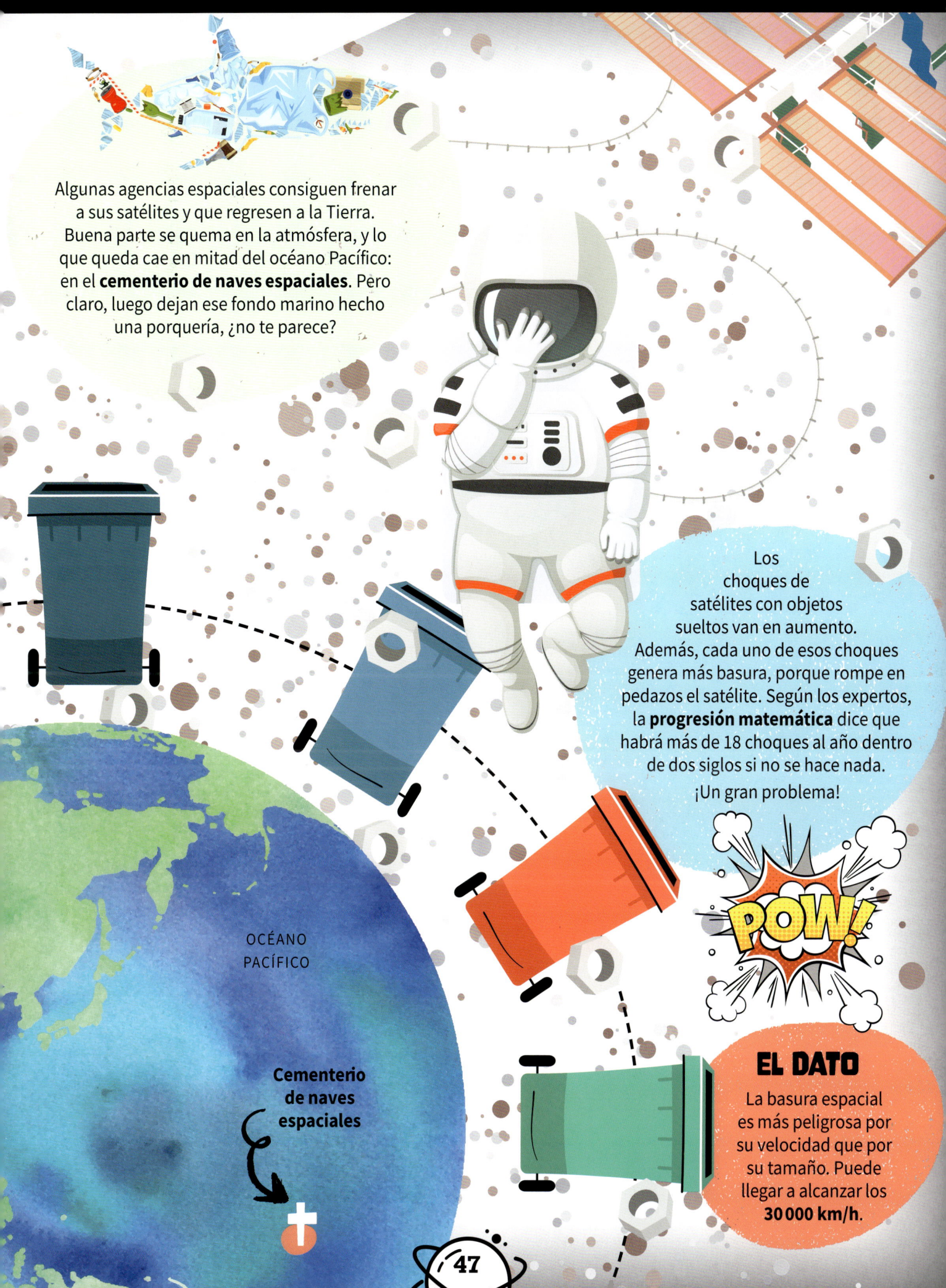

Algunas agencias espaciales consiguen frenar a sus satélites y que regresen a la Tierra. Buena parte se quema en la atmósfera, y lo que queda cae en mitad del océano Pacífico: en el **cementerio de naves espaciales**. Pero claro, luego dejan ese fondo marino hecho una porquería, ¿no te parece?

Los choques de satélites con objetos sueltos van en aumento. Además, cada uno de esos choques genera más basura, porque rompe en pedazos el satélite. Según los expertos, la **progresión matemática** dice que habrá más de 18 choques al año dentro de dos siglos si no se hace nada.
¡Un gran problema!

OCÉANO PACÍFICO

Cementerio de naves espaciales

**EL DATO**

La basura espacial es más peligrosa por su velocidad que por su tamaño. Puede llegar a alcanzar los **30 000 km/h**.

# ¿Hay vida allí afuera?

Estamos en pleno siglo XXI y aún no hemos encontrado vida fuera de la Tierra. ¿Estamos solos en el universo? Aún no lo sabemos. Las matemáticas dicen que es probable que haya vida en otras partes del cosmos… ¡Pero vete a saber lo que hay allí fuera!

## 70 000 000 000 000 000 000 000 000 000 000

Estos son los **planetas** que puede haber en el universo. Con que el 0,001 % fuera habitable… ¡ya habría miles de millones de ellos!

## EL DATO

Un científico estimó, mediante una simulación por ordenador, que en el universo podría haber unos 70 **quintillones** de planetas (70 seguido de 30 ceros). Así que posibilidades para que haya vida… ¡hay de sobra!

**NO SOMOS SOSOS, TAN SOLO MUY EDUCADOS.**

**¡SOCORRO, VIENEN LOS TERRÍCOLAS!**

Los programas SETI (búsqueda de inteligencia extraterrestre) intentan encontrar RASTROS DE VIDA inteligente fuera de la Tierra. Existen desde 1970, pero hay que reconocer que no han tenido mucho éxito. Se trata de buscar en las frecuencias que recogen unas potentes antenas. Lo mismo no son tan potentes… ¿O es que los alienígenas son discretos y silenciosos?

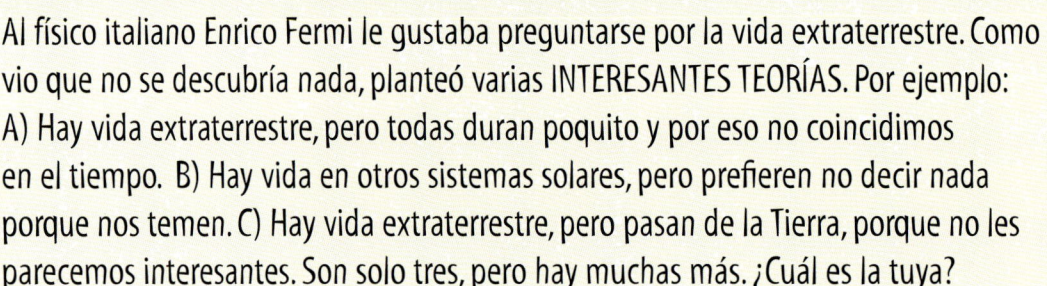

Al físico italiano Enrico Fermi le gustaba preguntarse por la vida extraterrestre. Como vio que no se descubría nada, planteó varias INTERESANTES TEORÍAS. Por ejemplo: A) Hay vida extraterrestre, pero todas duran poquito y por eso no coincidimos en el tiempo.  B) Hay vida en otros sistemas solares, pero prefieren no decir nada porque nos temen. C) Hay vida extraterrestre, pero pasan de la Tierra, porque no les parecemos interesantes. Son solo tres, pero hay muchas más. ¿Cuál es la tuya?

# EL RETO

No sabemos si los marcianitos de aquí abajo viven en otro planeta... De lo que sí estamos seguros es que de todos ellos hay dos ejemplares, menos en un caso, que solo hay uno. ¿Puedes identificar cuál está solo?

# ¡Hola! Somos los terrícolas

A los humanos no nos da miedo que los extraterrestres nos conozcan. De hecho, se han lanzado al espacio naves con mensajes para que nos conozcan y visiten. ¿Las encontrarán y vendrán alienígenas con postres y regalos para la cena?

¿Y ESO QUÉ ES?

En 1972 y 1973 se lanzaron las sondas espaciales PIONEER 10 y PIONEER 11, con destino a Júpiter y Saturno, respectivamente. Pero, cuando llegaron a sus órbitas y tomaron imágenes… ¡Empezó otra misión! La idea era que siguieran alejándose de la Tierra y del centro del Sistema Solar… Y que llegasen lo más lejos posible. Y ahí, siguen, volando por el espacio. Ya se ha perdido el contacto con ellas. Pero… ¿podría algún otro ser vivo encontrarlas algún día?

Sonda Voyager

Placa Pioneer

Si eso sucediera, ese extraterrestre se encontraría con un mensaje. Cada una de esas sondas tiene una PLACA METÁLICA («la placa Pioneer») con un mensaje grabado. En él se ven los dibujos de un hombre y de una mujer y una especie de mapa de nuestra posición en el universo.. Bueno, si es un alienígena listo… ¡lo mismo lo entiende!

MI MAMÁ ME DICE QUE SOY LISTO.

Disco de la Voyager (ambas caras)

En 1977 la NASA envió al espacio otras dos sondas: la VOYAGER 1 y la VOYAGER 2. Sus misiones eran fotografiar Júpiter, Urano y Neptuno. Lo hicieron muy bien, pero siguieron su camino hacia el infinito… Y más allá. Ahora, la Voyager 1 es el objeto humano más lejano de la Tierra, y dentro de tres siglos saldrá del Sistema Solar. Por si acaso, dentro de ellas metieron unos discos bañados en oro, con sonidos e imágenes que retratan la diversidad de la vida y de las cultura en la Tierra. En ellos se pueden escuchar saludos en 56 idiomas, sonidos de animales, volcanes, rayos, trenes… ¡Y música de varias culturas!

## EL DATO

Hay 27 canciones en cada uno de esos discos. Son temas muy conocidos, como la *Quinta Sinfonía* de Beethoven («ta-ta-ta-chan, ta-ta-ta-chan»), pero el único músico que tiene tres piezas es **Johann Sebastian Bach**.

## EL RETO

En el cuadro de abajo encontrarás una serie de palabras relacionadas con el espacio… Pero, ¡ojo! Se han colado dos que no tienen nada que ver. ¿Sabes cuáles son?

1) ALIENÍGENA
2) JOVIANO
3) MARCIANO
4) LANZADERA
5) SATÉLITE
6) EXPLORADOR
7) ATLETISMO
8) ASTRONAUTA
9) INTERESTELAR
10) GALÁCTICO
11) PLANETARIO
12) UNIVERSO
13) ORNITORRINCO
14) COHETE
15) ÓRBITA
16) HIPERVELOCIDAD
17) GRAVITATORIO
18) METEORITO

# Memorias espaciales

## EL RETO

Aquí tienes una serie de curiosidades sobre nuestro Sistema Solar y sobre nuestra galaxia, la Vía Láctea. Fíjate bien en cada uno de sus nombres durante un minuto y, entonces, pasa a la siguiente.

### VENUS

Venus es un planeta con curiosos récords. Tiene una lenta **rotación retrógrada**, es decir, que gira de este a oeste, en lugar de hacerlo de oeste a este como la mayoría de los otros planetas.

### URANO

Para rotación rara, la de Urano. Es el otro planeta del Sistema Solar de rotación retrógrada. Pero, más extraño aún, **su eje de giro está rotado** hacia el Sol. Es decir, como si estuviera «acostado».

### PRÓXIMA CENTAURI Cb

¿Hay vida en el universo? No lo sabemos con seguridad aún, pero en caso de haberla, tenemos un candidato. El planeta Próxima Centauri Cb es el **más cercano** a la Tierra. Está a 4,37 años luz, unos 40 billones de km.

### ALFA CENTAURI

Es el **sistema estelar** más cercano al Sol. Lo tenemos a unos 4,36 años luz (41,2 billones de km) de distancia. Consta de tres estrellas: Alfa Centauri A, Alfa Centauri B y Alfa Centauri C. ¡Son nuestras estrellas vecinas!

## SPUTNIK 1

El primer **satélite artificial** fue el Sputnik 1. Lo lanzó la Unión Soviética el 4 de octubre de 1957. ¡Dio 1440 vueltas a la Tierra en tres meses!

## SIRIO

En una noche oscura, la **estrella que más brilla** en el cielo es Sirio. Es parte de la constelación del Can Mayor.

¡ESTOY HARTO DE VIAJAR TANTO!

## TARDÍGRADO

A estos bichitos, de medio milímetro de largo, los llevaron al **espacio exterior** en 2007. Los dejaron sueltos fuera de la nave y… ¡Sobrevivieron diez días!

## GANÍMEDES

Esta es una de las 79 lunas de Júpiter y la mayor del Sistema Solar. Para que te hagas una idea… ¡Es algo mayor que el planeta Mercurio!

## JAMES WEBB

Es **telescopio más potente** jamás creado por la humanidad es el James Webb. Lo lanzaron al espacio en 2021.

## TURISMO ESPACIAL

En 2001, el millonario estadounidense **Dennis Tito** se convirtió en el primer turista espacial. ¡Un viaje por placer!

Ahora escribe los nombres bajo cada imagen. Y, además, hay tres que han cambiado un poco. ¿Sabrías decir cuáles?

Además… ¡Es el único planeta en el que su día es **más largo** que su año! Vamos, que tarda más en dar una vuelta sobre sí mismo, 243 días, que en darla alrededor del Sol, 224 días.

Cada polo recibe alrededor de 42 años de luz solar **ininterrumpida**, seguidos por 42 años de oscuridad. Vaya… ¿Qué te gustaría elegir?

No sabemos mucho de este planeta. ¡De hecho, ni siquiera se ha llegado a ver, exactamente! En objetos tan lejanos, se utilizan unos complicados **sistemas de medición** para deducir su existencia.

Aunque son las estrellas más cercanas a la Tierra, brillan **bastante poco** y a duras penas se pueden ver a simple vista. Necesitarás un gran telescopio para verlas de manera separada.

Su nombre en ruso significa «compañero de viaje» o también **«satélite»**. Su esfera de aluminio medía 58 cm y sus patas, casi 3 m.

Pero ojo, porque Sirio se encuentra en una constelación visible solo desde el hemisferio sur. La estrella más brillante en el norte es **Arturo**.

Fueron capaces de resistir a cientos de veces la radiación que habría matado a una persona, sin agua y sin oxígeno. Vamos, ¡unos **superhéroes**!

Fue el primer satélite descubierto en el Sistema Solar (tras la Luna, claro). Lo hizo **Galileo Galilei** en 1610. ¡Al principio, creyó que era una estrella lejana!

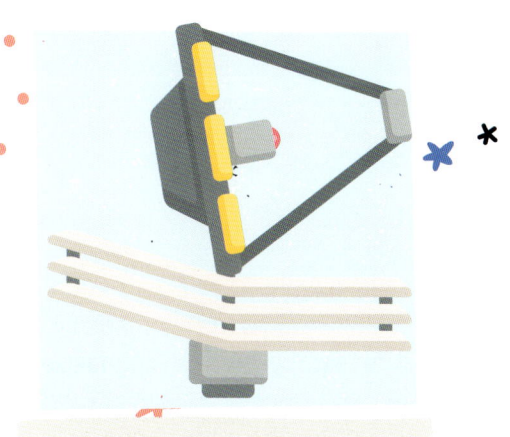

Está a **1 500 000 km** de distancia de la Tierra, cuatro veces más lejos que la Luna. Por eso puede ver tan bien y tan lejos en el espacio. ¡Nos está proporcionando mucha información!

Tito tuvo que pagar 20 millones de dólares a la agencia espacial rusa para que lo preparasen y lo llevasen. Al regresar, dijo: «**Vengo del paraíso**».

# Soluciones

## Página 7
### El espacio, conceptos básicos

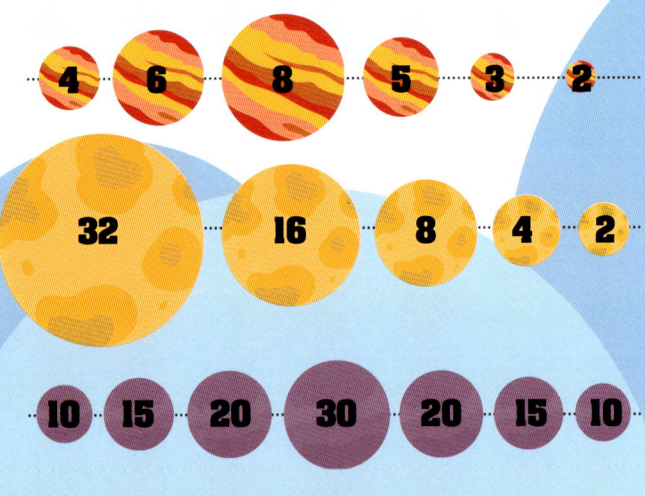

En el primer caso, la cifra varía proporcionalmente respecto al volumen. En el segundo, se va dividiendo entre dos. En el tercero, se suma o se resta cinco.

## Página 9
### El universo desconocido

## Página 11
### La Vía Láctea

Iguales en forma:

Iguales en color:

## Página 13
### Agujeros negros

## Página 15
### Asteroides y meteoritos

## Página 17
## Nuestro Sistema Solar

| A | M | E | R | C | U | R | I | O | S | U | R |
|---|---|---|---|---|---|---|---|---|---|---|---|
| F | L | I | N | T | U | E | Z | J | A | N | A |
| A | U | N | I | R | I | U | P | U | T | I | N |
| T | N | A | E | S | O | M | R | P | U | V | O |
| E | I | S | D | P | N | H | C | A | R | E | R |
| O | C | E | U | P | T | O | S | T | N | R | E |
| D | M | A | R | T | E | U | U | E | O | O | T |
| A | N | T | E | R | I | O | N | R | T | U | I |
| L | V | E | L | I | A | N | E | O | R | R | P |
| I | L | M | T | E | R | V | E | A | A | U |
| S | A | T | U | R | N | I | N | O | M | N | J |

## Página 19
## Distancias espaciales
1-8
2-7
3-6
4-5

## Página 21
## El Sol abrasa
Hay 40 diagonales amarillas que atraviesan esa doble página. Salen 20 de cada página.

## Página 23
## La Tierra, un planeta para quererlo

| 5 | | | 8 |
|---|---|---|---|
| + | | | + |

20 - 8 = 12    11    10

16    17 + 1 = 18

4 X 4 = 16 + 12 = 28

10 + 23 = 33 + 0 = 33

4    12    21

2 + 19 = 21    12

15 - 8 = 7    15    2 X 8 = 16

15 - 11 =    + 6 = 10

18    1 + 17 = 18

## Página 25
## La Luna es... atractiva

0  1  2  3  4
5  6  7  8  9
10  11  12  13  14

$2 + 7 + 11 = 20$
$14 + 7 - 11 = 10$
$10 + 0 - 2 = 8$
$7 - 2 + 13 = 18$
$2 \times 4 \times 3 = 24$

## Página 27
### Fascinantes eclipses

Lo primero que hay que tener en cuenta es que 2050 no es año bisiesto, para calcular las fechas. Así que:

- El 1 de enero habrá un eclipse.
- El 11 de abril habrá otro.
- El 20 de julio habrá otro.
- El 28 de octubre habrá otro.

Ese año habrá esos cuatro eclipses totales.

## Página 29
### Montar, dormir... y viajar

El primer día, el astronauta chuta hacia arriba la pelota y vuelve a caer sobre él, por la ley de la gravedad. El segundo día, ya en un paseo espacial, vuelve a hacer lo mismo: pero, claro, la pelota no volverá.

## Página 31
### El traje espacial

## Página 33
### 3, 2, 1... ¡Despegue!

## Página 35
### El humano en la Luna

$= 8$  $= 4$  $= 5$

## Página 37
### Astronautas inolvidables

## Página 39
### Animales en el espacio

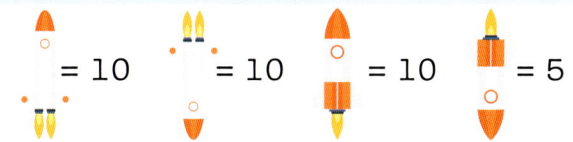

## Página 41
### La Estación Espacial Internacional
El mensaje es:
TERRÍCOLAS, VENIMOS EN SON DE PAZ

## Página 43
### Viviendo en el espacio

## Página 45
### ¡Amartizaje!

## Página 46
### Ojo: ¡basura espacial!
Hay 18 tuercas.

## Página 49
### ¿Hay vida allí afuera?

## Página 51
### ¡Hola! Somos los terrícolas
Las palabras que se han colado son:

7) Atletismo
13) Ornitorrinco

## Página 52
### Memorias espaciales
Han cambiado la orientación de ALFA CENTAURI, del número de patas del SPUTNIK y el móvil del ASTRONAUTA.